Le Petit Oracle divinatoire

par
Isabelle Torres
et
Anne Fontaine

Dans ces pages, vous trouverez des messages pour éclairer vos décisions, apaiser vos inquiétudes, et célébrer vos victoires.

Que vous cherchiez conseil dans un moment où vous devez faire un choix décisif ou que vous aspiriez simplement à une connexion plus profonde avec votre guide intérieur, cet oracle est conçu pour vous accompagne avec bienveillance et sagesse sur le chemin de la vie.

Mon intention, en rassemblant ces messages d'oracles, est de vous offrir une source d'inspiration quotidienne et un miroir de votre propre lumière intérieure.

Que chaque page vous apporte des révélations, des confirmations, et l'assurance que, quelles que soient les circonstances, vous n'êtes jamais seul sur votre chemin.

Engagez-vous dans cette quête avec l'esprit ouvert et le cœur prêt à recevoir les messages que l'univers a en réserve pour vous. Les réponses que vous cherchez sont déjà en vous ; ce livre est simplement la clé qui ouvrira la porte à leur compréhension.

Avec affection et lumière,

Isabelle Torres

Comment utiliser cet oracle

Commencez par vous centrer sur votre situation actuelle ou sur une question précise pour clarifiez votre intention. L'univers est prêt à répondre, mais il vous faut d'abord poser la question.

Prenez un moment pour respirer profondément, calmez votre esprit et ouvrez votre cœur. Pour que l'oracle fonctionne, il faut que vous soyez en harmonie avec votre voix intérieure. Visualisez-vous en train de recevoir la guidance dont vous avez besoin, prêt à accueillir le message qui vous est destiné.

Maintenant que votre question est claire et que vous êtes centré, laissez vos mains parcourir les pages du livre. Ne cherchez pas à contrôler le mouvement, laissez plutôt votre intuition prendre les rênes. Lorsque vous sentez le moment juste, arrêtez-vous et ouvrez le livre à la page qui vous "appelle".

Lisez l'oracle sur la page que vous avez choisie. Réfléchissez à la manière dont ce message se rapporte à votre situation ou question. Parfois, la connexion peut ne pas être immédiatement évidente, mais donnez-lui le temps de révéler sa signification à votre esprit.

L'utilisation de ce livre d'oracle peut devenir un rituel quotidien ou un outil à consulter dans les moments de besoin. Plus vous vous engagez dans cette pratique, plus votre connexion avec votre intuition se renforcera, vous ouvrant à une plus grande clarté et à des réponses plus profondes.

Bon voyage !

Un voyage inattendu révèlera ton vrai chemin.

L'abondance se trouve dans les moments de gratitude.

Une rencontre fortuite allumera l'étincelle de l'espoir.

Ta persévérance est sur le point de payer.

Écoute le silence,
il te parlera de
vérités cachées.

La prochaine pleine lune éclairera une décision importante.

L'amour se trouve souvent dans les gestes simples.

Un rêve récurrent porte le message que tu cherches.

Le pardon libère plus que celui qui est pardonné.

Une opportunité d'or se cache dans un défi actuel.

L'inspiration viendra d'où tu t'y attends le moins.

Ta créativité attire la prospérité.

Un secret de famille sera révélé, apportant la paix.

Le changement d'habitude ouvrira de nouvelles portes.

La solitude te permettra de te retrouver.

Un acte de gentillesse reviendra vers toi multiplié.

Un défi en amour teste ta force et ta détermination.

La nature t'offre la guérison que tu cherches.

Partage tes rêves avec quelqu'un de confiance.

La vérité sur une situation financière sera révélée.

Lâche prise sur ce que tu ne peux changer.

La joie vient quand tu alignes tes actions avec ton cœur.

Un ancien hobby pourrait se transformer en nouvelle opportunité.

La réponse que tu cherches est déjà en toi.

Une nouvelle perspective sur le passé éclaire l'avenir.

L'énergie que tu mets dans le monde te revient.

La prochaine conversation importante changera tout.

Un message important arrive sous forme de rêve.

Fais confiance à l'univers, il conspire en ta faveur.

Un sacrifice personnel apportera des bénéfices à long terme.

C'est le moment de prendre ce risque calculé.

Un nouvel amour fleurit au moment où tu t'y attends le moins.

La clarté vient avec l'acte de donner sans attendre.

La santé s'améliore avec un changement d'attitude.

Un obstacle financier se transforme en bénédiction.

Le moment est venu de révéler ton vrai soi.

La patience te révèle le bon moment pour agir.

Un acte de foi
ouvre la porte
de l'inconnu.

Ta passion t'emmène vers la réalisation de tes rêves.

La confiance en soi est ta plus grande alliée.

Un geste
d'amour
inattendu
éclaire ta
journée.

Le souvenir
d'un être cher
apporte confort
et guidance.

La leçon apprise dans le silence vaut mille mots.

Un tournant de vie approche, prépare-toi à embrasser le nouveau.

L'harmonie
dans la maison
apporte la paix
dans l'âme.

La créativité est la clé pour débloquer ta prochaine aventure.

Une réconciliation inattendue réchauffe le cœur.

La gratitude transforme ce que nous avons en suffisance.

Un vent de changement souffle, portant des promesses d'avenir.

L'amitié devient le pilier sur lequel s'appuyer dans les moments difficiles.

Un choix difficile mène à une croissance inestimable.

La confiance brisée est le début d'un enseignement profond.

La générosité
de l'esprit attire
l'abondance.

Une vérité inconfortable éclaire le chemin du progrès.

La force trouvée dans la vulnérabilité étonne.

Un geste spontané d'amour sème les graines de la joie durable.

La persévérance face à l'adversité forge le caractère.

La simplicité est parfois la réponse la plus profonde.

La beauté se trouve dans l'œil de celui qui regarde avec le cœur.

L'acte de lâcher prise débloque la porte du futur.

Le bonheur partagé est le bonheur doublé.

Une intuition forte guide vers une découverte significative.

Le courage
de suivre ton
cœur t'amène à
des merveilles
inexplorées.

Un souvenir du passé apporte la clé pour le futur.

La patience dans l'amour révèle sa vraie profondeur.

La sagesse acquise est un trésor à partager.

Un détour inattendu mène à une belle surprise.

La réceptivité ouvre la voie à des connections spirituelles profondes.

L'authenticité dans les relations apporte l'harmonie.

Une prise de conscience soudaine change la perspective.

Le respect mutuel est le fondement des relations durables.

La compassion est le langage de l'âme.

Un rêve révélateur offre la solution à un problème persistant.

La joie de vivre est contagieuse, répands-la.

Le partage d'un moment de silence fortifie les liens.

L'acceptation de soi ouvre la porte à l'amour véritable.

Un regard neuf sur une vieille situation révèle la voie à suivre.

La lumière de l'aube promet un nouveau départ, embrasse-le.

Une main tendue en amitié éclaire les jours les plus sombres.

La réponse que tu cherches est soufflée par le vent, écoute.

Un acte de bonté spontané révèle la beauté de ton âme.

La musique deviendra le messager de sentiments inexprimés.

La sérénité se trouve dans l'acceptation de l'imperfection.

Un voyage intérieur apporte des réponses longtemps cherchées.

La clarté surgit au cœur du chaos, cherchela.

Un échange d'idées ouvre la porte à des possibilités inattendues.

La force intérieure émerge lorsqu'on fait face à ses peurs.

Un moment de solitude est un cadeau, non une épreuve.

La découverte d'un talent caché illumine le chemin de l'avenir.

La persistance dans la poursuite d'un rêve paie en fin de compte.

Le pardon
est le pont
vers la liberté
personnelle.

Un geste de réconciliation initie la guérison des cœurs.

La joie trouve racine dans la pratique de la gratitude quotidienne.

Un secret longtemps gardé sera dévoilé, apportant la clarté.

La fidélité à soi-même est la première étape vers le bonheur.

Une période de doute précède la révélation d'une vérité.

L'engagement envers un objectif inspire ceux autour de toi.

La manifestation de l'amour sous toutes ses formes enrichit la vie.

Un souvenir joyeux ravive la flamme de l'espoir.

La flexibilité mentale est la clé de l'adaptation aux changements.

Le temps passé en nature renouvelle l'énergie et l'inspiration.

La reconnaissance des petites victoires mène au succès global.

L'ouverture au changement est l'ouverture à la croissance.

Un rire partagé cimente les fondations de l'amitié.

La contemplation des étoiles rappelle l'immensité des possibilités.

Un défi accepté est le premier pas vers une victoire personnelle.

La sérénité découle de la cohérence entre pensées, paroles, et actions.

L'amour propre
pave la voie
à l'amour
universel.

Le courage
de dire "non"
réaffirme les
limites saines.

L'équilibre entre travail et repos est essentiel à la créativité.

Un souffle
de créativité
apporte une
nouvelle
solution.

L'unité dans la diversité révèle la beauté de la connexion.

La prospérité
fleurit là où
l'intention
et l'action
s'alignent.

L'amitié véritable résiste aux tempêtes de la vie.

Un pas vers l'autre est un pas vers l'univers.

La vérité partagée ouvre les portes de la compréhension mutuelle.

Chaque fin
est le prélude
d'un nouveau
commencement.

La passion ravive l'énergie de l'âme.

L'écoute active
est un cadeau
d'amour
inestimable.

Les leçons du passé éclairent le chemin de demain.

La beauté se trouve dans chaque instant de présence.

Le pardon offre la paix du cœur.

Le véritable amour se nourrit de petits gestes quotidiens.

La confiance se construit pas à pas, pierre par pierre.

Une intuition suivie mène à des découvertes inattendues.

La générosité du cœur attire l'abondance.

Le silence entre les mots porte souvent le message le plus profond.

La gratitude transforme le quotidien en miracle.

L'humilité est la porte vers la sagesse véritable.

Le respect de soi guide le respect des autres.

Un esprit ouvert reçoit les dons de l'univers.

La persévérance transforme les obstacles en opportunités.

Le lâcher-prise libère l'énergie pour de nouveaux rêves.

La joie de vivre attire les miracles quotidiens.

L'harmonie intérieure se reflète dans le monde extérieur.

Une perspective positive révèle les trésors cachés de la vie.

L'authenticité est la clé de relations profondes et significatives.

La patience révèle la valeur du temps.

La vulnérabilité est une force, pas une faiblesse.

L'engagement envers soi-même est le premier pas vers le changement.

La flexibilité mentale surmonte les défis inattendus.

La capacité
à pardonner
est un
superpouvoir.

Le partage de vos vérités ouvre le chemin de l'intimité.

La simplicité est souvent la réponse aux complications.

L'amour inconditionnel transcende les différences.

Un moment de solitude invite à la réflexion et à la régénération.

La connexion avec la nature revitalise l'esprit.

L'acte de création est en lui-même une prière.

La reconnaissance de la beauté dans le quotidien éveille l'âme.

La bienveillance envers soi est le début de la bienveillance universelle.

Une étreinte sincère guérit les cœurs blessés.

La véritable écoute transcende les mots.

Les détours inattendus mènent à des destinations magnifiques.

La sagesse vient en embrassant l'incertitude.

Le partage d'un sourire illumine les jours les plus sombres.

Chaque étoile dans le ciel guide vers un rêve oublié.

L'acte de gratitude quotidien ouvre les portes de l'abondance.

Les moments de pause révèlent les réponses recherchées.

Cultiver la patience est comme planter un jardin de paix.

La force se révèle dans le calme après la tempête.

Laisser son intuition guider est le plus sûr chemin vers la vérité.

La joie trouvée dans la création nourrit l'âme.

Les vrais amis sont ceux qui marchent vers toi quand le reste du monde s'éloigne.

Reconnaître sa propre lumière permet d'éclairer les autres.

La générosité de l'esprit enrichit le donneur autant que le receveur.

La compréhension mutuelle est le fondement de toute relation durable.

Le courage de changer ce qui peut l'être, la sérénité d'accepter ce qui ne peut l'être.

Une parole bienveillante est un baume pour l'âme.

Les rêves réalisés sont le résultat de petites actions quotidiennes.

L'acceptation de soi ouvre la voie à l'acceptation universelle.

Le moment présent est un cadeau à chérir.

La réconciliation commence par l'ouverture du cœur.

L'acte de libérer l'ancien fait de la place pour le nouveau.

Trouver la paix intérieure conduit à une harmonie extérieure.

L'amour propre est le premier pas vers l'amour inconditionnel.

La véritable sagesse se trouve dans la capacité d'écouter.

L'harmonie avec la nature est le reflet de l'harmonie avec soi.

Le respect de ses propres limites est le signe d'une grande force.

Cultiver la curiosité éveille le cœur et l'esprit.

Le pardon est le chemin vers la liberté intérieure.

La persévérance est la clé qui ouvre les portes de l'avenir.

L'enthousiasme pour la vie attire des miracles quotidiens.

Le partage des peines les rend plus légères à porter.

La vérité prononcée avec amour a le pouvoir de transformer.

La gratitude pour le passé éclaire le chemin du futur.

L'amour est une force qui transcende le temps et l'espace.

Le voyage intérieur est le plus grand des voyages.

La découverte de soi est un trésor sans fin.

La générosité du cœur attire la richesse de l'âme.

Vivre avec intégrité est le plus beau des héritages.

La connexion authentique avec autrui est un cadeau précieux.

Le rire est la musique de l'âme.

L'ouverture au changement est le signe d'un esprit éveillé.

La sérénité se trouve dans l'acceptation de ce qui est.

Printed in France by Amazon
Brétigny-sur-Orge, FR